Sous la direction d'Atalante Innovations

Tatou *le matou* **2**

LE FRANÇAIS POUR LES PETITS

Méthode pour l'enseignement
du français langue étrangère aux jeunes enfants

Muriel Piquet - Hugues Denisot

Dessins : Rebecca Dautremer

HACHETTE
Français langue étrangère

43, quai de Grenelle, 75905 Paris Cedex 15.

http://www.fle.hachette-livre.fr
http://www.tatoulematou.com

À nos parents.

Remerciements :

*Nous désirons exprimer notre très vive gratitude à l'ensemble
de l'équipe qui a participé à la réalisation de cette méthode et
tout particulièrement à Sarah Carlier, éditrice de Tatou, le matou.
Notre reconnaissance va également à Florence Nahon pour
son investissement personnel.
Enfin, notre reconnaissance la plus vive à Koen et à Emmanuel
pour leur soutien tout au long de ce projet.*

Illustrations : Rebecca Dautremer
Conception graphique et réalisation :
Valérie Goussot et Delphine d'Inguimbert

Couverture : Amarante
Secrétariat d'édition : Florence Nahon
Photogravure : Nord Compo

ISBN : 2 01 1551 90 0

Avant-propos

Tatou le matou, méthode pour l'apprentissage du français par les petits, est le fruit d'une longue expérience de l'enseignement aux enfants. Au-delà de l'apprentissage d'une langue étrangère, notre démarche vise à développer des compétences transversales. En effet, à cet âge, il est important de mobiliser toutes les ressources des petits pour leur permettre d'apprendre en se formant. C'est ce qui a présidé au choix thématique des quatre modules de ce deuxième niveau de *Tatou*.

Le module 1, *Tatou et les sentiments*, donne le ton à l'ensemble de la méthode en sollicitant la mémoire affective des enfants. Ils retrouvent les personnages du premier niveau (Tatou, Selim, Rose…) et rencontrent un petit chien. Ils vont être amenés à reconnaître et à exprimer des sentiments (la joie, la tristesse, la jalousie…) et des émotions à travers des activités multi-sensorielles conduites en langue française.

Reconnaître que l'enfant est doué d'une ouverture d'esprit, d'une facilité à entrer dans le monde du rêve, de la magie, c'est dépasser avec lui l'aspect fonctionnel de la langue, c'est l'accompagner dans ses propres visions du monde, c'est lui proposer un univers riche et varié. Ceci justifie notre choix thématique du module 3, *Tatou et la magie*. Ce module entraîne les enfants non seulement dans le monde des jeux, des déguisements, des blagues et des simulations mais aussi dans l'univers imaginaire des magiciens et des fées.

Dans ce niveau 2 de *Tatou, le matou*, nous avons voulu continuer à habituer les enfants à la découverte de belles histoires en langue étrangère afin de construire une culture livresque qu'ils pourront confronter à leur propre culture et leur donner le goût de la lecture. Pour cela les modules 2 et 4 leur présentent *Blanche-Neige* et le *Chat botté*. Par ailleurs, afin d'aider la langue à gagner tous les sens des enfants, ce niveau 2 s'ouvre au monde du théâtre. Ainsi, Tatou, qui interprète le personnage du Chat botté, vous entraînera avec vos élèves dans un projet théâtral.

Nous avons hâte de connaître vos impressions sur ces nouvelles aventures de Tatou, de voir comment ce matou a pris vie grâce à vous. Nous vous donnons rendez-vous sur son site pour partager et échanger votre expérience et vos pratiques de classe et pour trouver un portfolio à personnaliser pour chacun de vos élèves.
En attendant, nous espérons que vous éprouverez autant de satisfaction à utiliser ce matériel que nous en avons eu à l'élaborer.

Tous nos vœux de succès dans votre travail.

Muriel Piquet   Hugues Denisot

sommaire

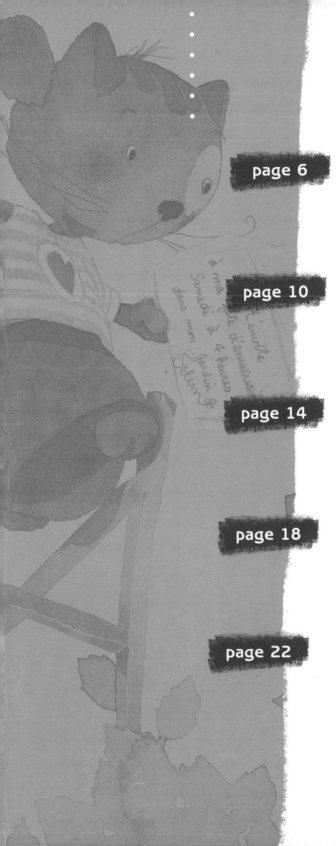

Tatou et les sentiments

Tatou court. Il arrive enfin dans le jardin de Selim.

«Ah ! Tatou ! Te voilà !»

Chanson

Tatou, t'as tout !

Les lampions sont accrochés

Le jardin est décoré

Les amis sont arrivés

Mais où est Tatou ?

Tatou, Tatou, t'as tout dans ton sac

Tatou, Tatou, dans ton sac t'as tout

Ton invitation, tu l'as ?

Mon invitation, je l'ai !

Les cadeaux sont emballés

On va tous bien s'amuser

On va rire, jouer, chanter

Mais où est Tatou ?

Tatou, Tatou, t'as tout dans ton sac

Tatou, Tatou, dans ton sac t'as tout

Et ton cadeau, tu l'as ?

Et mon cadeau, je l'ai !

La musique pour danser

Un bon gâteau pour goûter

Les bougies sont allumées

Mais où est Tatou ?

Je suis là, miaou !

Cherche l'indice

Trouve le gâteau de Selim parmi ces quatre gâteaux. Quel âge a Selim ?

Selim ouvre ses cadeaux. «Oh! Là, là! Génial, un chien!»

Tatou part dans un coin du jardin. Comme il a l'air triste!

Chanson

Mon cœur

Qu'est-ce qui se passe, mon cœur ?

Tu roulais VROUM VROUM

Et maintenant, voilà que t'as plus de moteur

Qu'est-ce qui se passe, mon cœur ?

Tu battais BOUM BOUM

Te voilà triste mon cœur

Qu'est-ce qui se passe, mon cœur ?

Tu chantais YOU PLA BOUM

Et maintenant, voilà que tu pleures

Qu'est-ce qui se passe, mon cœur ?

Tu tombes BADA BOUM

Te voilà brisé mon cœur !

C'est quoi ce cadeau !
Moi, je l'aime pas trop !
J'ai peur que ce chien
Me vole mon copain !

Cherche l'indice

Quelle est la différence entre ces deux images ?

Tatou arrive chez Selim pour jouer avec lui. Mais Selim part promener son chien.

Tatou est très en colère! Il est comme fou!

Chanson

Je perds la tête !

Je guette, j'observe
Je m'énerve
J'observe, je guette
Je perds la tête !

Je suis vert de jalousie
Pourquoi mon frère, mon ami
Ne s'occupe plus de moi
Et préfère l'autre là-bas
J'avais tout
Je n'ai plus rien
Plus personne qui me donne la main.

Je guette, j'observe
Je m'énerve
J'observe, je guette
Je perds la tête !

Je suis noir de colère
Pourquoi mon ami, mon frère
Ne joue plus avec moi
Et préfère l'autre là-bas
Je casse tout
Je n'aime plus rien
Je voudrais qu'on me tende la main.

Je guette, j'observe
Je m'énerve
J'observe, je guette
Je regrette…

Cherche l'indice

Qui se cache derrière ce lampion déchiré ?

18 Il est minuit. Tatou va encore faire une bêtise. « Hou ! Hou ! Hou ! »

Tatou avance sur la table. Il ne voit pas le miroir. Il tombe.

Le Cri

Dans ma maison, à chaque saison

Je vois ce qui n'existe pas !

Ça marche, ça rit !

C'est peut-être une momie !

MMMMMMM !

Dans l'armoire, tous les soirs

Je vois ce qui n'existe pas !

Ça grince, ça respire !

C'est peut-être un vampire !

OHHHHHHHHH !

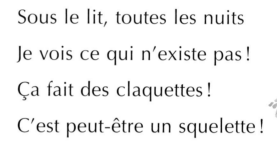

Sous le lit, toutes les nuits

Je vois ce qui n'existe pas !

Ça fait des claquettes !

C'est peut-être un squelette !

CLIC-CLAC-CLIC-CLAC !

Derrière les rideaux, le matin très tôt

Je vois ce qui n'existe pas !

Ça vole dans les airs !

C'est peut-être une sorcière !

AH AH AH

AH !

Cherche l'indice

Cherche le point commun entre ces dessins et trouve l'objet qui manque.

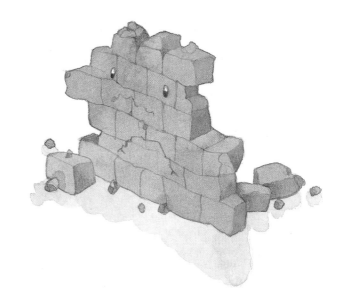

Tatou est chez le vétérinaire. «Ça va Tatou?»

Tatou est guéri. C'est l'hiver. «Pour Selim, hip, hip, hip, hourra!»

Chanson

Mon ami

J'avais le cœur gros
J'ai le cœur léger
Je voyais tout en noir
Je vois la vie en rose

Tu es mon ciel bleu
Mon trésor joli
Tu me rends heureux
Mon ami

J'ai été méchant
Tu es très gentil
Je faisais la tête
Tu m'as tendu la patte

Tu es mon ciel bleu
Mon trésor joli
Tu me rends heureux
Mon ami

Cherche l'indice

Associe chaque couleur à un dessin et trouve le dessin qui manque.

Blanche-Neige

➜ *Cahier d'activités p. 19-31,*
activités complémentaires p. 24-25, 30.

28 Il était une fois une reine qui voulait avoir un enfant. Elle eut une petite fille
et l'appela Blanche-Neige.

Mais la reine mourut. Le roi se remaria.

Le miroir magique dit à la nouvelle reine que Blanche-Neige était la plus belle.
Jalouse, elle demanda au chasseur d'emmener Blanche-Neige dans les bois !

Elle arriva dans une petite maison...

Blanche-Neige était à l'abri chez les sept nains.

Mais ils partaient travailler et Blanche-Neige restait seule.

Un jour, une marchande offrit une pomme empoisonnée à Blanche-Neige.
Elle croqua dedans et tomba.

Un prince amoureux voulut l'emporter dans son château. Le cercueil tomba.
Blanche-Neige se réveilla.

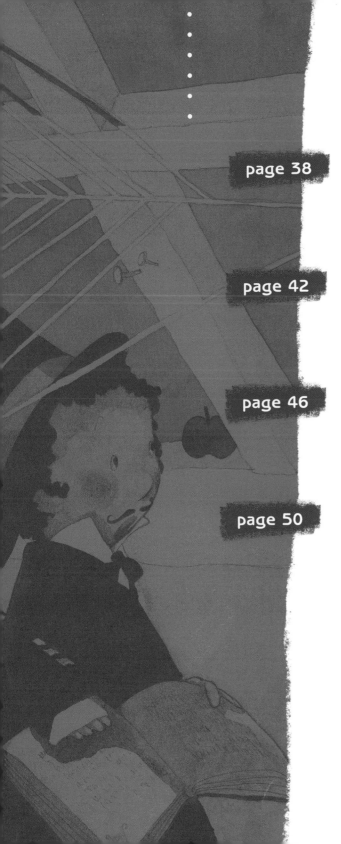

Tatou et la magie

Rose est venue chez Selim. Ils montent dans le grenier pour jouer au magicien.

Ils ouvrent la malle au trésor...

Chanson

Dans ma malle au trésor

Dans ma maison, il y a
Un grenier mal rangé.
Dans mon grenier, j'aime monter
Pour m'y amuser.

Dans mon grenier, il y a
Une malle au trésor.
Dans ma malle, j'adore
Regarder encore.

Dans ma malle, il y a
Un vieux sac pas très beau.
Dans mon sac, c'est rigolo
Il y a un grand chapeau.

Dans mon chapeau, il y a
Une malle au trésor
Un grenier mal rangé
Une drôle de maison.

Dans ma maison, il y a
Un grenier mal rangé
Une malle au trésor
Et un grand chapeau.

Cherche l'indice

Le Gardien du trésor propose une devinette. Écoute…

C'est un objet qui se trouve dans la malle de Selim. Il y en a deux. On les met quand il pleut. Qu'est-ce que c'est ?

42 Selim est déguisé en magicien, Rose en magicienne.

Ils veulent transformer leurs amis en quelque chose !

Chanson

L'Alphabet

Il y a 26 lettres dans ton alphabet
Je vais les apprendre, c'est décidé

A B C D...

Il y a 26 lettres dans ton alphabet
Non, ce n'est pas la peine que tu te fâches

E F G H...

Il y a 26 lettres dans ton alphabet
Moi, je les trouve toutes très belles

I J K L...

Il y a 26 lettres dans ton alphabet
Laisse-moi, je suis très occupé

M N O P...

Il y a 26 lettres dans ton alphabet
Je vais bientôt pouvoir les chanter

Q R S T...

Il y a vingt-six lettres dans ton alphabet
Encore six, je vais y arriver !

U V W...

Il y a 26 lettres dans ton alphabet
Non, ce n'est pas la peine que tu m'aides

X Y Z !

Cherche l'indice

Le Gardien du trésor propose une devinette. Écoute…

C'est un objet qui se porte. On peut mettre des choses dedans. Tatou en a beaucoup, un rouge, un bleu, un jaune, un vert… Qu'est-ce que c'est ?

46 Tout à coup, ils entendent une grosse voix qui les appelle.

«Prends vite ton livre de magie! Ouvre-le à la lettre P...»

Poésie

Tatou l'ogre

Tatou l'ogre
A une faim de loup.
Tatou l'ogre mange de tout !
Onze poissons,
Une poignée de garçons.

L'appétit vient en mangeant,
Onze filles, c'est excellent !
Attention ! Tatou, le gourmand
Remet le couvert pour le dessert
Et dévore un professeur en colère.

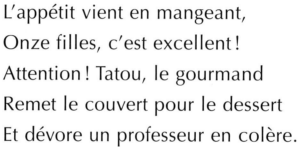

Cherche l'indice

Le Gardien du trésor propose une devinette. Écoute…

C'est un personnage qui fait peur.
Il est très gros. Il mange les enfants.
Qui est-ce ?

Selim et Rose reviennent dans le grenier avec la potion magique...

«Arrête de rire ! Je vais tomber ! Aaah !»

Chanson

J'ai tout inventé

Un lapin croque des carottes
Et un ogre met des bottes
Un chat prend une pelote
Abracadabra
Ça existe ça?
Quelle drôle d'idée
J'ai tout inventé

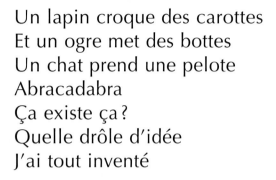

Et le lapin met les bottes
Puis l'ogre prend la pelote
Et le chat croque les carottes
Abracadabra
Ça existe ça?
Quelle drôle d'idée
J'ai tout mélangé!

Puis le lapin prend la pelote
Et l'ogre croque les carottes
Et c'est le chat qui met les bottes
Abracadabra
Ça existe ça?
Quelle drôle d'idée
Et le tour est joué!

Cherche l'indice

**Le Gardien du trésor propose une quatrième devinette.
Écoute-le pour trouver le quatrième indice ! Il s'est caché…**

C'est un animal qui voit la nuit.
Il adore les souris.
Il a des belles moustaches.
Qu'est-ce que c'est ?

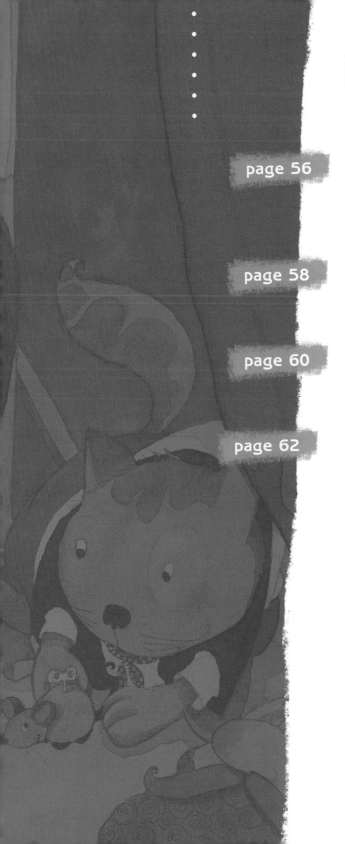

Le Chat botté

→ *Cahier d'activités p. 48-49, 50-51, 52-53, 56-57,*
  activités complémentaires p. 54-55, 58-59.

Tatou et ses amis jouent une pièce de théâtre. Tatou est le Chat botté !

Selim est le fils du meunier. Le Chat botté demande à son maître un sac et des bottes.

Le Chat botté chasse dans les bois et dans les prés pour donner à manger

à son maître et faire des cadeaux au roi...

Pendant que le maître du Chat botté se baigne,

le roi et la princesse arrivent dans leur carrosse près de la rivière.

L'ogre se transforme en souris. Le Chat botté le croque.

«Majesté, Princesse, Monsieur le Marquis. Voici votre repas! Bon appétit!»

Imprimé en France par I.M.E. 25110 Baume-les-Dames
Dépôt légal n°24410-08/2002 - Collection n°37 - Edition 01
15/5190/2